ALMA DE LOBO

Verónica Moscoso

SPANISH EASY READER

LEVEL 2-3

www.veromundo.store

ALMA DE LOBO

is published by

Authored by Verónica Moscoso
Cover Art by Sara Vera Lecaro
Illustrations by Prakash Thombre
Proofreading by Ana Andrés

First edition published July, 2021.

ISBN: 978-1-7342399-8-0

Acknowledgements

I would like to express my gratitude to my Spanish teacher friends: Sonia Fernández Solís for her willingness to always read my stories and give me feedback, Contee Seely for his unconditional support both in words and deeds, and Margarita Pérez García for her invaluable input as an established author of Language Learning Literature books.

I want to extend a warm thank you to my friends and beautiful writers Mireya Moya, Lily Moreno, and Carmen Cecilia Chauvin for their time, feedback, and support.

I would also like to thank Spanish filmmaker Gerardo Olivares who directed a documentary and a fiction movie about Marcos, the protagonist of this story. Gerardo put me in touch with Wanda Vision, the production company which handles his films. Thanks also to Gerardo I was able to contact Marcos himself.

Wanda Vision gave me access to Gerardo's films, which are not available in the US (where I reside). I'm grateful to the company and to Silvia Requena, who facilitated the process. Watching the movies was part of my research.

Finally, I am deeply grateful to Marcos Rodríguez Pantoja, whose extraordinary life story was the basis for this book, and who kindly answered my many questions.

DESCRIPTION

What happens when reality overcomes fiction? Then you have a story like **ALMA DE LOBO**.

This novella is the **true** story of Marcos Rodríguez Pantoja. His is the only documented case in Spain of a feral child.

This fascinating novella is told in the past tense. It is an easy reader for intermediate and upper intermediate students. Ideal for advanced level two and for level three Spanish learners. With about 305 unique words and plenty of repetition, it tells a 4,190-word story.

Illustrations and a full glossary are included in every chapter.

The story is based on interviews, videos, books, and the testimony of Marcos Rodríguez himself.

RESOURCES

The story of Marcos Rodríguez Pantoja was widely covered by the media after the narrative film *Entrelobos* (2010) was shown in theaters. Today, there are several articles and videos online about Marcos and his life with the wolves.

After filming *Entrelobos,* Gerardo Olivares directed another film, this time a documentary titled *Marcos, el lobo solitario.* We hope these films would be available soon in the United States.

The following are some YouTube videos we recommend:

Meet Spain's Wolfman - BBC News
https://youtu.be/vNaSr_BDkDI

***Entrelobos* trailer**
https://youtu.be/WsFOFdMczlg

Avance del documental "Marcos, el lobo solitario" de Gerardo Olivares
https://youtu.be/ul6PdDQ-b6c

Marcos, el niño que creció entre lobos nos enseña a aullar en el programa "Yo, mono"
https://youtu.be/M0zCeDLJJfI

1

EL SALVAJE

El día que se llevaron a Marcos fue un día triste. Los humanos se llevaron a Marcos y los animales estaban tristes. Los animales del valle eran amigos de Marcos. Los animales pensaban que los humanos eran muy peligrosos. Marcos también era un humano, pero él no era peligroso. Él era un buen amigo.

Unos días antes, un cazador vio a Marcos en el valle. El cazador vio a Marcos desde lejos. Vio que corría por el valle. Vio que entraba en la cueva de los lobos. El cazador se preguntó: «¿Es una persona o es un animal?». Después pensó: «Es una persona. Es un hombre. Hay un hombre salvaje en el valle. Tengo que hablar con las autoridades».

El cazador habló con las autoridades. Algunos guardias sí creían que había un hombre salvaje. Otros no lo creían.

—El cazador vio a un animal. No vio a un hombre salvaje —dijo uno de los guardias.

—Yo sí creo que vio a un hombre salvaje —le contestó otro guardia.

—Es imposible. Nadie puede sobrevivir en el valle. Hay animales muy peligrosos. Hay lobos.

El cazador les dijo a los guardias dónde podían encontrar al hombre salvaje. Tres guardias fueron a buscar al hombre salvaje. Y los guardias lo encontraron. El hombre salvaje era un joven. Tenía el pelo muy largo. Tenía las uñas largas también. Mostraba los dientes y gruñía como un animal.

—Buenas tardes —le dijo un guardia a Marcos. Marcos no contestó. Se había olvidado cómo hablar. Entonces, el guardia le preguntó—: ¿Qué haces aquí?

Marcos estaba asustado. Marcos y sus amigos, los animales, tenían miedo de los humanos. Los animales eran agresivos cuando estaban asustados. Marcos también era agresivo cuando estaba asustado. Sacó su cuchillo para atacar al guardia. Los guardias agarraron las manos de Marcos. Marcos mordió a uno de los guardias. Entonces, los guardias amarraron al salvaje y le pegaron. Marcos aulló como un lobo.

Los lobos fueron donde Marcos. Los guardias comenzaron a disparar. Los lobos no podían ayudar a su amigo. Él no podía escapar... y los guardias se llevaron a Marcos.

Glosario del capítulo 1

a to
agarraron (they) grabbed
agresivo(s) aggressive
al the
algunos some
amarraron (they) tied up
amigo(s) friend(s)
animal(es) animal(s)
antes before
aquí here
asustado(s) frightened
atacar to attack
aulló (he) howled
autoridades authorities
ayudar to help
buen good
buenas: buenas tardes good
   afternoon
buscar: fueron a buscar (they)
   went to look for
cazador hunter
comenzaron (they) started
como like
cómo: cómo hablar how to speak
con with
contestó (he) replied
   le contestó replied
corría (he) run
creían: le creían (they) believed him
creo (I) believe
cuando when
cuchillo knife
cueva cave
de of, from
del of the

desde: desde lejos from afar
después then, later
día(s) day(s)
dientes teeth
dijo (he) said
   le dijo (he) told him
   les dijo (he) told them
disparar to shoot
donde: fueron donde (they) went to
dónde where
el the
él he
en in
encontrar to find
encontraron (they) found
entonces then
entraba (he) went into, enter
era (he) was
eran (they)were
es is
escapar to escape
estaba (he) was
estaban (they) were
fue (he) was
fueron: fueron a buscar (they) went
   to look for
   fueron donde (they) went to
gruñía (he) growled
guardia(s) guard(s)
había: creían que había (they)
   believed there was
   se había olvidado (he) had
   forgotten
hablar to talk, to speak
habló (he) talked

4

haces: qué haces aquí? what are you doing here?
hay there are, there is
hombre man
humano(s) human(s)
imposible imposible
joven: un joven a young man
la the
largas: uñas largas long nails
largo: pelo muy largo very long hair
las the
lejos: desde lejos from afar
le to him
les to them
llevaron: se llevaron (they) took him
lo to him
lobo(s) wolf, wolves
los the
manos hands
miedo: tenían miedo (they) were afraid
mordió (he) bit
mostraba: mostraba los dientes (he) barred his teeth
muy very
nadie nobody
o or
olvidado: había olvidado (he) had forgotten
otro(s) other(s)
para for
pegaron: le pegaron (they) beat him
peligroso(s) dangerous
pelo hair
pensaban (they) thought
pensó (he) thought
pero but

persona person
podía: no podía (he) couldn't
podían (they) could
no podían (they) couldn't
por for
preguntó: le preguntó asked him
se preguntó (he) wondered
puede can
que that
qué what
sacó: sacó su cuchillo pull out his knife
salvaje wild, savage
se (pronoun, reflexive marker, himself / herself)
sí: sí creían they did believe
sí creo I do believe
sobrevivir to survive
su his, their
sus his
también also, too
tardes: buenas tardes good afternoon
tengo (I) have
tenía (he) had
tenían: tenían miedo (they) were afraid
tres three
triste(s) sad
un, una a
uno one
unos: unos días antes a few days before
uñas nails
valle valley
vio (he) saw
y and
yo I

2

DAMIÁN

Marcos nació en 1946 en Añora, España. La vida era difícil en España cuando Marcos era un niño. Era la España de posguerra[1]. Era difícil encontrar trabajo. Era difícil encontrar comida. Marcos vivía con su papá y su madrastra. La

---

[1] **Posguerra:** The Spanish postwar is the period of terror, repression, and hunger that followed 1939, the year that the Spanish Civil War officially ended.

madrastra trataba muy mal a Marcos. La madrastra le pegaba mucho. La vida era difícil en España y la vida era muy difícil para Marcos.

Cuando Marcos tenía 7 años, un hombre habló con su papá.

—¿Tienes un hijo? —preguntó el hombre.

—Sí, ¿por qué?

—Yo necesito un pastor para cuidar mis cabras.

—¿Quieres a mi hijo para cuidar tus cabras?

—Sí. Quiero llevarme a tu hijo. Él cuida mis cabras y yo le doy comida y todo lo que necesita. A cambio de tu hijo, te doy algunas cabras y dinero.

El papá de Marcos aceptó. Cambió a su hijo por algunas cabras y dinero. El hombre se llevó en su caballo al niño. Lo llevó a un valle de Sierra Morena[2]. Cuando llegaron al valle los lobos estaban aullando. El hombre llevó a Marcos con Damián, un pastor de cabras. Damián era un

---

[2] **Sierra Morena** is one of the main mountain ranges in Spain.

hombre muy mayor y estaba enfermo.

El dueño de las cabras se fue en su caballo. Dejó al niño con el pastor. Damián sabía cómo sobrevivir en el valle. Damián sabía qué plantas eran comestibles. Sabía qué plantas no eran comestibles. Damián sabía cazar. Sabía cuidar a las cabras. Damián tenía mucho que enseñar. Marcos tenía mucho que aprender.

Un día, Damián no volvió con el niño. Marcos no quería estar solo. Marcos fue a buscar al pastor.

—DAMIÁN —gritó Marcos.

—DAMIÁN —gritó muchas veces, pero el pastor no contestaba.

Marcos no quería estar solo. Él no sabía qué plantas eran comestibles. No era un buen cazador. Marcos era un niño. Necesitaba aprender mucho, pero Damián había muerto.

Desde lejos, los lobos veían al niño, que estaba solo sin el pastor.

Glosario del capítulo 2

a to
aceptó (he) accepted
al the
algunas some
años: tenía 7 años (he) was 7 years old
aprender to learn
aullando howling
aullidos howls
buen good
buscar: fue a buscar (he) went to look for
caballo horse
cabras goats
cambio: a cambio in exchange
cambió (he) exchanged
cazador hunter
cazar to hunt
comer to eat
comestibles edible
comida food
cómo: sabía cómo (he) knew how
con with
contestaba: no contestaba (he) didn't answer
cuando when
cuida (he) look after
cuidar to look after
dar to give
de of, from
dejó (he) left
desde: desde lejos from afar
día day
difícil difficult
dinero money

doy (I) give
  le doy I'll give him
  te doy I'll give you
dueño owner
el the
él he
en in, on
encontrar to find
enfermo sick
enseñar to teach
era (he) was
eran (they) were
España Spain
estaba (he) was
estaban (they) were
estar to be
fue: fue a buscar (he) went to look for
  se fue left
gritó (he) yelled
había (he) had
habló (he) talked
hijo son
hombre man
la the
le to him
lejos: desde lejos from afar
llegaron (they) arrived
llevarme: quiero llevarme (I) want to take
llevó (he) took
lo to him
lobo(s) wolf, wolves
los the
madrastra stepmother

9

mal: **trataba muy mal** treated him very badly
mayor: muy mayor very old
mi my
mis my
muchas many
mucho a lot
muerto: había muerto (he) had died
muy very
nació (he) was born
necesita (he) needs
necesitaba (he) needed
necesito (I) need
niño boy
papá father
para for, to
pastor shepherd
pegaba: le pegaba (she) beat him
pero but
plantas plants
por: por qué why
posguerra postwar
preguntó (he) asked
puedo (I) can
que that
qué what
quería (he) wanted

quieres: ¿quieres? do you want
quiero (I) want
sabía (he) knew
se (pronoun, reflexive marker, himself / herself)
sí yes
sin without
sobrevivir to survive
solo alone
su his/hers
te: te doy I'll give you
tenía: tenía 7 años (he) was 7 years old
tienes: ¿tienes? do you have
todo everything
trabajo work, job
trataba (she) treated
tu, tus your
un a
valle valley
veces times
veían (they) watched
vida life
vivía (he) lived
volvió: no volvió (he) didn't come back
y and
yo I

3

LOS LOBOS

Un día, cuando el pastor todavía estaba con Marcos, le dio un pedazo de carne. El niño salió de la cueva para comer, entonces vio a un perro. El perro comenzó a gruñir y a mostrar los dientes. Marcos estaba muy asustado. Le lanzó el pedazo de carne y volvió corriendo a la cueva.

Marcos le contó llorando a Damián:

—Un perro me mostró los dientes y comenzó a gruñir. Le lancé la carne.

—No es un perro. Es un lobo. Y fue una buena idea lanzar la carne. Si les das carne, los lobos no te comen a ti —le contestó el pastor.

Después, Damián le mostró a Marcos dónde estaban los lobos. Le enseñó a dar comida a los lobos y le dijo:

—Si les das comida, los lobos no se comen a las cabras.

Otro día, Marcos vio a 2 lobos. Estaban cazando un conejo. El conejo se escondió debajo de una roca. Marcos levantó la roca y los lobos cazaron al conejo. Los lobos no le gruñeron a Marcos. Después, el niño pensó que los lobos le invitaban a su cueva. Entonces, entró a la cueva de los lobos. Los lobos no le atacaron.

—Damián, entré a la cueva de los lobos. Me invitaron a su cueva y no me atacaron— le contó Marcos al pastor.

—¡Increíble! —le contestó Damián.

Cuando Damián murió, el niño estaba solo. Necesitaba amigos. Marcos no tenía miedo de los cachorros de lobo. Los cachorros no tenían miedo de Marcos. Los cachorros y Marcos jugaban. Había un cachorro muy juguetón. Marcos jugaba mucho con ese cachorro. Un día, sin querer, el niño lastimó un poco al cachorro. El cachorro gritó. Entonces, la mamá loba pegó a Marcos con su pata.

Otro día, Marcos estaba jugando con los cachorros, entró a la cueva de los lobos con los cachorros y se durmió. Cuando despertó, vio que los lobos grandes estaban en la cueva y tuvo miedo. Los lobos habían cazado un venado. La mamá loba partió unos pedazos de carne con los dientes y se los dio a los cachorros.

Un cachorro comenzó a comer su pedazo de carne cerca de Marcos. El niño tenía mucha hambre. Marcos robó la carne del cachorro y comenzó a comer. La mamá loba pegó a Marcos con la pata. Agarró el pedazo de carne con los dientes y le devolvió la carne al cachorro. Marcos estaba muy asustado.

La mamá loba partió otro pedazo de carne con los dientes. Puso el pedazo cerca de Marcos. El niño tenía mucha hambre, pero no agarró el pedazo. Tenía miedo de la loba. La loba movió el pedazo más cerca de Marcos. Entonces el niño agarró el pedazo y se lo comió. Cuando terminó de comer, la loba trató a Marcos con amor. Y él la abrazó.

La loba fue donde el papá lobo. Marcos pensó que los lobos se comunicaban.

—¿Qué hacemos? ¿Nos comemos al niño o le adoptamos?—preguntó el papá lobo.

—Le adoptamos. No es peligroso. Juega con los cachorros —contestó la mamá loba.

La mamá loba se convirtió en la mamá de Marcos. Los cachorros se convirtieron en sus hermanos. La manada de lobos se convirtió en la familia del niño. Marcos era parte de la manada y aprendió a cazar como los lobos. Aprendió a comer las plantas que comían los lobos. Marcos comenzó a oler a lobo. Después de vivir con los lobos…, Marcos tenía alma de lobo.

Glosario del capítulo 3

a to
abrazó (he) hugged
adoptamos: ¿le adoptamos? do we adopt him?
    le adoptamos we'll adopt him
agarró (he) grabbed
al the
alma soul
    alma de lobo soul of a wolf
amigos friends
amor love
aprendió (he) learned
asustado frightened
atacaron (they) attacked
buena good
cabras goats
cachorro(s) puppies
carne meat
cazado: habían cazado (he) had hunted
cazando hunting
cazar to hunt
cazaron (they) hunted
cerca near
comemos: ¿nos comemos? do we eat?
comen: no se comen (they) don't eat
    no te comen a ti (they) won't eat you
comenzó (he) begun
comer to eat
comían: que comían los lobos that the wolves ate
comida food
comió ate

como like
comunicaban: se comunicaban (they) were communicating
con with
conejo rabbit
contestó: le contestó (s/he) replied
convirtieron: se convirtieron (they) became
convirtió: se convirtió (s/he, it) became
corriendo running
cuando when
cueva cave
dar: dar comida to give food, to feed
das: si les das if you give them
de of, from
debajo under
del of the
despertó woke up
después then, later
devolvió: le devolvió (he) returned
día day
dientes teeth
dijo: le dijo (he) told him
dio: le dio (he) gave him
    se los dio (he) gave them
dónde where
    fue donde (he) went to
durmió: se durmió (he) fell asleep
el the
él he
en in
enseñó: le enseñó (he) taught him
entonces then
entré (I) entered, got in

15

entró (he) entered, got in
era (he) was
es (he) is
escondió: se escondió (it) hid
ese that
estaba (he) was
estaban (they)were
familia (she, it) family
fue was
grandes big
gritó (he) screamed
gruñeron (they) growled
gruñir to growl
había there was
habían: habían cazado (they) had hunted
hacemos: ¿qué hacemos? what shall we do?
hambre: tenía mucha hambre (he) was very hungry
hermanos siblings
idea idea
increíble incredible
invitaban: le invitaban (they) invited him
invitaron: me invitaron (they) invited me
juega (he) plays
jugaba (he) played
jugaban (they) played
jugando playing
juguetón playful
la the
lancé: le lancé (I) threw
lanzó: le lanzó (he) threw
las the
lastimó (he) hurt
le to him
les to them

levantó (he) lifted
llorando crying
lo to him
loba wolf (female)
lobo(s) wolf, wolves
los the
mamá mother
manada pack
más: más cerca closer
me me
miedo: tenía miedo (he) was afraid
    tenían miedo (they) were afraid
    tuvo miedo (he) was afraid
mostrar to show
mostró: le mostró (he) showed
movió (she) moved
mucha very
mucho a lot
murió (he) died
muy very
necesitaba (he) needed
niño boy
nos ¿nos comemos al niño? do we eat the boy?
o or
oler to smell
otro other, another
papá father
para to
parte part
partió split
pastor shepherd
pata paw
pedazo(s) piece(s)
pegó (she) hit, beat
peligroso dangerous
pensó (he) thought
pero but
perro dog

plantas plants
poco: un poco a little bit
preguntó (he) asked
puso put
que that
qué what
querer: sin querer unintentionally
robó (he) stole
roca rock
salió (he) got out
se (pronoun, reflexive marker, himself / herself)
si if
sin: sin querer unintentionally
solo alone
su, sus his/hers
te: no te comen a ti (they) don't eat you
tenía (he) had
    tenía alma de lobo (he) had the soul of a wolf

tenía miedo (he) was afraid
tenía mucha hambre (he) was very hungry
tenían: no tenían miedo (they) weren't afraid
terminó (he) finished
ti: no te comen a ti (they) don't eat you
todavía: todavía estaba con (he) was still with
trató (she) treated
tuvo: tuvo miedo (he) was afraid
un, una a, one
unos some
venado deer
vio saw
vivir to live
volvió (he) returned, came back
y and

LOS AMIGOS

Los lobos le enseñaron muchas cosas a Marcos. Él aprendió mucho de los lobos, pero sabía que él no era un lobo. Marcos era el pastor de las cabras. Eran muchas cabras. Marcos conocía muy bien a todas las cabras. Jugaba con los cabritos.

El dueño de las cabras y sus trabajadores iban al valle para llevarse a los cabritos. Cuando se llevaban a los cabritos, Marcos lloraba. Sentía que él era el papá de los cabritos.

—No llores. Nos llevamos a los cabritos ahora. Pero te devolvemos los cabritos cuando crezcan —decían los trabajadores.

Nunca le devolvieron los cabritos. Cada año los trabajadores volvían al valle y se llevaban otros cabritos. Marcos les preguntaba:

—¿Todavía no han crecido los cabritos que se llevaron?

—No. Todavía no han crecido —le contestaban los trabajadores.

Los trabajadores dejaban al niño en el valle, pero él no estaba solo. Estaba con su familia de lobos. Cuando Marcos lloraba, los lobos le agarraban los brazos con los dientes. Jugaban con él. Luego, le llevaban a su cueva.

Marcos podía sobrevivir en el valle. Aprendió mucho de Damián y aprendió mucho de los lobos. Y también inventó muchas cosas. Tenía muchas ideas.

Marcos les daba comida a otros animales. Un día, vio a una serpiente y le dio leche de cabra. Al día siguiente, la serpiente volvió. Marcos le dio leche otra vez. La serpiente volvía todos los días.

Marcos aprendió a cazar conejos. También

aprendió a pescar. La carne de conejo, el pescado, la leche de cabra y las plantas del valle eran la comida de Marcos.

Un día, vio a un perro y le dio carne. Al día siguiente, el perro volvió y Marcos le dio carne otra vez. El perro volvía todos los días. Marcos pensaba que era un perro, pero muchos años después, cuando Marcos vivía con humanos, se dio cuenta de que ese animal era una zorra.

Después de un tiempo, la serpiente y la zorra vivían con Marcos en su cueva. Marcos tenía muchos amigos animales. Invitaba a sus amigos a su cueva. Se sentía feliz de tener muchos amigos.

Glosario del capítulo 4

a to
agarraban: le agarraban (they) grabbed (him)
ahora now
al the
amigos friends
animal(es) animal(s)
año(s) year(s)
bien well
brazos arms
cabra(s) goat(s)
cabritos kids
cada each
carne meat
cazar to hunt
comida food
con with
conejo(s) rabbit(s)
conocía (he) knew
contestaban: le contestaban (they) replied
cosas things
crecido grown
crezcan: cuando crezcan when they grow
cuando when
cuenta: se dio cuenta (he) noticed, realized
cueva cave
daba: les daba comida (he) gave them food, fed them
de of, from
decían (they) said
dejaban (they) left
del of the

después: años después years later
  después de un tiempo over time
devolvemos: te devolvemos (we) will return
devolvieron: nunca le devolvieron (they) never returned
día(s) day(s)
dientes teeth
dio: le dio (he) gave him/her/it
dueño owner
el the
él he
en in
enseñaron: le enseñaron (they) taught him
enseñó: le enseñó (he) taught him
era (he) was
eran (they) were
ese that
estaba (he) was
familia family
feliz happy
han: no han crecido (they) haven't grown
humanos humans
iban went to
ideas ideas
inventó (he) invented
invitaba (he) invited
jugaba (he) played
jugaban (they) played
la the
las the
le to him/her/it

21

leche milk
les to them
llevaban (they) took
llevamos (we) take
llevaron: se llevaron (they) took
llevarse to take
lloraba (he) cried
llores: no llores don't cry
lobo(s) wolf, wolves
los the
luego then
muchas, muchos many
muy very
nos: nos llevamos (we) take
nunca never
otra: otra vez again
otros other
papá father
para to
pastor shepherd
pensaba thought
pero but
perro dog
pescado fish
pescar to fish
plantas plants
preguntaba: les preguntaba (he) asked them
podía (he) could, was able
que that
sabía (he) knew
se (pronoun, reflexive marker, himself / herself)
sentía felt
serpiente snake
siguiente: al día siguiente at the next day
sobrevivir to survive
solo alone
su, sus his
también also, as well
te: te devolvemos we'll return (them) to you
tener to have
tenía (he) had
tiempo: después de un tiempo over time
todas all
todavía yet
todos: todos los días every day
trabajadores workers
un, una a, one
valle valley
vez: otra vez again
vio (he) saw
vivía (he) lived
vivían (they) lived
volvía (he) returned
volvían (they) returned
volvió (he) returned
y and
zorra fox

5

LOS AÑOS FELICES

Marcos aprendió a imitar los sonidos de los animales. Aprendió a imitar el sonido de los pájaros. Aprendió a aullar como un lobo. Unas veces cazaba con los lobos, como parte de la manada. Otras veces cazaba solo con sus ideas de humano. Aprendió a cazar venado. Era un buen cazador. Cuando Marcos cazaba solo, aullaba como un lobo y sus amigos iban donde él. Marcos cortaba pedazos de carne para los lobos. También cortaba carne para otros amigos, como la zorra.

Marcos aprendió a comunicarse con los animales. Entendía a los lobos. Pero se olvidó cómo hablar con los humanos. Solamente veía a los trabajadores una vez al año cuando iban al valle para llevarse a los cabritos.

Los animales se escondían de los humanos. Pensaban que los humanos eran peligrosos. Marcos también pensaba que los humanos eran peligrosos. Después de un tiempo, Marcos comenzó a esconderse de los humanos.

Un día los trabajadores se llevaron a todas las cabras. Marcos perdió todo contacto con los humanos. Se escondía cuando veía algún cazador o algún pastor en el valle. Marcos no quería volver con su papá y su madrastra. Estaba mejor en el valle con los animales. Ellos le trataban bien.

Marcos hablaba con su amiga águila y con otros amigos animales. Vivía en su cueva y también entraba a la cueva de los lobos. Corría por las montañas. Jugaba en el agua. Cuando estaba en peligro, aullaba como un lobo. Sus amigos lobos le ayudaban.

Marcos sabía que no era lobo, pero quería vivir con los lobos siempre. Marcos sabía que era humano. Sabía que con sus manos podía hacer muchas cosas. Tenía muchas ideas. Él podía inventar cosas.

Marcos dormía cuando quería y donde quería. También comía cuando quería y donde quería. No pensaba en el futuro. Pasaron los días, los meses y los años. Marcos era feliz en el valle. Él era un humano con alma de lobo.

Glosario del capítulo 5

a to
agua water
águila eagle
al the
algún any
alma soul
    alma de lobo soul of a wolf
amiga friend (female)
amigos friends
animales animals
año(s) year(s)
aprendió (he) learned
aullaba (he) howled
aullar to howl
ayudaban: le ayudaban (they) helped him
bien well
buen good
cabras goats
cabritos kids
carne meat
cazaba (he) hunted
cazador hunter
cazar to hunt
comenzó (he) began
comía (he) ate
como like
cómo how
comunicarse to communicate
con with
contacto contact
corría (he) run
cortaba (he) cut
cosas things
cuando when

cueva cave
de of, from
después after
día(s) days
donde where
iban donde él they went to him
dormía (he) slept
donde: iban donde él (they) went to
el the
él he
ellos they
en in
entendía (he) understood
entraba (he) went into, enter
era (he) was
eran (they) were
esconderse to hide
escondía: se escondía (he) hid
escondían: se escondían (they) hid
estaba (he) was
feliz, felices happy
hablaba (he) talked
hablar to talk
hacer to do
humano(s) human(s)
iban (they) went
ideas ideas
imitar to imitate, mimic
inventar to invent
jugaba (he) played
la the
las the
le to him
llevaron: se llevaron (they) took
llevarse: para llevarse to take

26

lobo(s) wolf, wolves
los the
madrastra stepmother
manada pack
manos hands
mañana: no pensaba en el futuro
    didn't think about the future
mejor: estaba mejor he was better
    off
meses months
montañas mountains
muchas many
o or
olvidó: se olvidó (he) forgot
otras, otros other
pájaros birds
papá father
para for, to
parte part
pasaron passed
pastor shepherd
pedazos pieces
peligro danger
peligrosos dangerous
pensaba (he) thought
pensaban (they) thought
perdió (he) lost
pero but
podía could, was able
por through

que that
quería wanted
sabía (he) knew
se (pronoun, reflexive marker,
    himself / herself)
siempre always
solamente only
solo alone
sonido(s) sound(s)
su, sus his
también also, too
tenía (he) had
tiempo: después de un tiempo after
    some time, after a while
todas, todo all
trabajadores workers
trataban: le trataban (they) treated
    him
un, una a, one
unas: unas veces some times
valle valley
veces times
veía saw
venado deer
vez time
vivía (he) lived
vivir to live
volver to return
y and
zorra fox

6

EL PRIMER DÍA
CON LOS HUMANOS

El día que los guardias se llevaron a Marcos fue
un día triste. Marcos estaba triste y tenía miedo.
Estaba muy asustado. Los guardias encontraron a
Marcos cuando tenía 19 años. Él había vivido en el
valle 12 años. Después de capturar a Marcos, las
autoridades no tenían un plan.

—¿Qué hacemos con el salvaje? —preguntó un
guardia.

—El barbero tiene que cortarle el pelo contestó —otro.

Cuando le llevaron con el barbero, Marcos se vio en el espejo y pensó: «¡Soy yo!».

El barbero tenía una navaja. Marcos vio la navaja y tuvo miedo. Pensó que el barbero tenía una navaja porque quería matarle. Entonces, atacó al barbero como un animal agresivo. Los guardias agarraron a Marcos.

—Piensa que le van a matar —dijo un guardia.

—El salvaje no entiende nada —contestó otro.

—Tengo una idea: él tiene que ver al barbero cortando el pelo a otra persona.

—Buena idea.

Marcos vio que el barbero cortaba el pelo a otra persona. Él entendió. Entonces el barbero pudo cortarle el pelo a Marcos.

Las personas del pueblo hablaban:

—¡Capturaron a un hombre salvaje! —dijo un niño.

—Vivía con lobos —dijo una niña.

—¿Es un hombre o es un animal? —preguntó otra niña.

—¡Es un animal! Tiene que estar en una jaula —dijo un niño.

—Es el niño que llevaron a cuidar cabras —dijo una mujer.

—El nombre del niño era Marcos —dijo otra mujer.

—Conozco al dueño de las cabras —dijo un hombre.

—Dejaron al niño solo en el valle —dijo otra mujer.

—Yo sé dónde está su papá —dijo otro hombre.

El joven salvaje tenía un nombre: Marcos Rodríguez Pantoja. Las autoridades no tenían un plan para él. Pensaron que el cura tenía alguna idea. Entonces, llamaron al cura. También llamaron al papá de Marcos. Y también llamaron al dueño de las cabras.

Habían pasado muchos años. El papá de Marcos vio a su hijo convertido en un joven. Vio a su hijo después de 12 años y le dijo:

—¿Dónde está la chaqueta que te di?

El dueño de las cabras dijo:

—El joven trabajaba cuidando mis cabras. Yo le pagué al papá por el trabajo del joven. ¿Algún problema?

El cura no dijo nada, los guardias no dijeron nada y el papá de Marcos no dijo nada.

Glosario del capítulo 6

a to
agarraron (they) grabbed
agresivo aggressive
algún: ¿algún problema? Is there
any problem?
alguna any
animal animal
años years
    tenía 19 años (he) was 19 years
    old
asustado frightened
atacó (he) attacked
autoridades authorities
barbero barber
buena good
cabras goats
capturar to capture
capturaron (they) captured
chaqueta jacket
como like
con with
conozco (I) know
contestó (he) replied
convertido turned into
cortaba cut
cortando cutting
cortarle: cortarle el pelo cut his hair
cuando when
cuidando looking after
cuidar to look after
cura priest
de of, from
dejaron (they) left
del of the
después after

di: te di (I) gave you
día day
dijeron (they) said
dijo (s/he) said
dónde where
dueño owner
el the
él he
en on, in
encontraron (they) found
entendió (he) understood
entiende (he) understands
entonces then
era (he) was
es (he) is
espejo mirror
está (he, it) is
estaba (he) was
estar to be
fue (it) was
guardia(s) guard(s)
había (he) had
habían: habían pasado muchos
    años many years had passed
hablaban (they) talked
hacemos: ¿qué hacemos? what do
    we do?
hijo son
hombre man
idea idea
jaula cage
joven young man
las the
le to him
llamaron (they) called

llevaron (they) took
    se llevaron (they) took
    le llevaron (they) took him
los the
matar to kill
matarle kill him
miedo: tenía miedo (he) was afraid
    tuvo miedo (he) was afraid
mis my
muchos many
mujer woman
muy very
nada nothing
    no dijo nada didn't say anything
    no dijeron nada didn't say
    anything
navaja sharp knife (used as a razor)
niña girl
niño boy
nombre name
o or
otra other
pagué (I) paid
papá father
para for
pasado passed
pelo hair
pensaron (they) thought
pensó (he) thought
persona(s) person(s)
piensa (he) thinks
plan plan
por for
porque because
preguntó (she) asked
primer first
problema problem

pudo (he) was able, could
pueblo town
que that
qué what
quería (he) wanted
salvaje savage, wild
se (pronoun, reflexive marker,
    himself / herself)
sé (I) know
solo alone
soy: soy yo it's me
su his
también also, too
te: te di (I) gave you
tengo (I) have
tenía (he) had
    tenía 19 años (he) was 19 years
    old
tenían (they) had
tiene (he) has
trabajaba (he) worked
trabajo work
triste sad
tuvo: tuvo miedo (he) was afraid
un, una a
valle valley
van (they) are going to
ver to see
vio (he) saw
    se vio en el espejo he saw
    himself in the mirror
vivía (he) lived
vivido: había vivido (he) had lived
y and
yo I
    soy yo it's me

7

EL MUNDO DE LOS HUMANOS

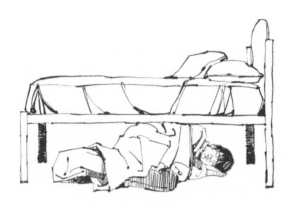

Juan Gálvez era un joven misionero. Juan habló con las autoridades y llevó a Marcos a su casa. Juan vivía en una casa grande. En la casa de Juan bañaron a Marcos, le dieron ropa y le dieron comida. A Marcos no le gustaba la ropa. No le gustaban los zapatos. Los zapatos le lastimaban. No podía correr con zapatos.

Juan le enseñó muchas palabras a Marcos. Para él era difícil hablar y entender. El mundo de los humanos era muy diferente al mundo de los animales. Un día Juan le dijo a Marcos:

—Vamos a una casa donde hay muchos pájaros. Te va a gustar.

—Quiero ver pájaros —dijo Marcos feliz.

Llegaron a una casa muy grande. En la casa tenían muchos pájaros. Los pájaros estaban en jaulas. Marcos no quería ver a los pájaros en jaulas. Marcos quería ver a los pájaros volando libres. Entonces, quiso abrir las jaulas.

—¡No puedes abrir las jaulas! —le dijeron.

Marcos recordaba a los pájaros del valle. Recordaba a su amiga águila volando libre. Él se sintió muy triste por los pájaros en las jaulas. No le gustó. Marcos lloró.

Un día, Juan le mostró a Marcos una caja. Marcos podía oír a muchas personas en la caja. Abrió la caja pero no había personas. Era la primera vez que Marcos veía una radio. Todos se reían.

Después de un tiempo, llevaron a Marcos a vivir a un convento. En el convento las monjas cuidaban a enfermos.

Las monjas entraron a la habitación de Marcos y no lo encontraron.

—¿Dónde está? —preguntó una monja.

—¿Tal vez se escapó? —preguntó otra.

Marcos estaba en la habitación. Estaba debajo de la cama. La cama era muy suave. No podía dormir en la cama. A Marcos le gustaba dormir en el piso. Le gustaba el piso duro de su cueva.

Marcos quería escapar y volver al valle. Pero no podía escapar. No sabía cómo volver al valle. No sabía a dónde ir.

En el convento, Marcos ayudaba a las monjas a cuidar a los enfermos. Las monjas estaban felices, porque necesitaban mucha ayuda.

En el convento Marcos tenía un amigo. Un día, Marcos y su amigo fueron al cine. En la película comenzaron a disparar. Marcos gritó y salió corriendo. Las personas pensaron que él estaba loco.

—¿Qué pasa? —preguntó el guardia del cine.

—Es su primera vez en un cine. Vivió muchos años en las montañas con los lobos —contestó el amigo.

Para Marcos era difícil adaptarse al mundo de los humanos. No le gustaban los sonidos de la ciudad. Extrañaba a los lobos, a la zorra, al águila y a la serpiente. Extrañaba a sus amigos. A veces soñaba que estaba en su cueva con la serpiente. Extrañaba mucho a la serpiente.

Glosario del capítulo 7

a to
abrió (he) opened
abrir to open
adaptarse to adapt
águila eagle
al the
amiga friend (female)
amigo(s) friend(s)
animales animals
años years
autoridades authorities
ayuda help
ayudaba helped
bañaron (they) bathed
caja box
cama bed
casa house
cine movie theater
ciudad city
comenzaron (they) began
comida food
cómo how
con with
contestó (he) replied
convento convent
correr to run
corriendo running
cueva cave
cuidaban (they) looked after
cuidar to look after
de of, from
debajo under
del of the
después then
día day

dieron: le dieron (they) gave him
diferente different
difícil difficult
dijeron: le dijeron (they) told him
dijo (he) said
disparar to shoot
donde where
dónde where
dormir to sleep
duro hard
el the
él he
en in, on
encontraron (they) found
enfermos sick people, patients
enseñó: le enseñó (he) taught him
entender to understand
entonces then
entraron (they) got in
era (he, it) was
es (it) is
escapar to escape
escapó: se escapó (he) escaped
está: ¿dónde está? where is he?
estaba (he) was
estaban (they) were
extrañaba (he) missed
felices, feliz happy
fueron (they) went
grande big
gritó (he) yelled
guardia guard
gustaba: le gustaba (he) liked
    no le gustaba (he) didn't like

gustaba: le gustaban (he) liked them

   no le gustaban (he) didn't like them

gustar to like

gustó: no le gustó (he) didn't like it

había: no había there wasn't, there weren't

habitación bedroom

hablar to talk

habló (he) talked

hay there is

humanos humans

ir to go

jaulas cages

joven young

la, las the

lastimaban: le lastimaban (they) hurt him

le to him

libre(s) free

llegaron (they) arrived

llevaron (they) took

llevó (he) took

lloró (he) cried

lo to him

lobos wolves

loco crazy, mad

los the

misionero missionary

monja(s) nun(s)

montañas mountains

mostró (he) showed

mucha(s), mucho(s) many, a lot

mundo world

muy very

necesitaban (they) needed

oír to hear

otra other, another

pájaros birds

palabras words

para for

pasa: ¿qué pasa? what's happening?

película movie

pensaron (they) thought

pero but

personas persons, people

piso floor

podía (he) could, was able

   no podía (he) couldn't

por for

porque because

preguntó (he) asked

primera first

puedes: no puedes you can't

que that

qué what

quería (he) wanted

   no quería (he) didn't want

quiero (I) want

quiso (he) wanted

radio radio

recordaba (he) remembered

reían (they) laughed

ropa clothes

sabía (he) knew

salió: salió corriendo (he) ran outside

se (pronoun, reflexive marker, himself / herself)

serpiente snake

sintió (he) felt

sonidos sounds

soñaba (he) dreamed

su, sus his

suave soft

tal: tal vez maybe
te: te va a gustar you are going to
    like it
tenía (he) had
tenían (they) had
tiempo: después de un tiempo after
    some time, after a while
todos everyone
triste sad
un, una one, a
va: te va a gustar you are going to
    like it
valle valley
vamos let's go

veces: a veces sometimes
veía (he) saw
ver to see
vez: primera vez first time
    tal vez maybe
vivía (he) lived
vivió (he) lived
vivir to live
volando flying
volver to return
y and
zapatos shoes
zorra fox

8

EL LOCO

Cuando Marcos salió del convento, la vida con los humanos fue muy difícil. Marcos sabía sobrevivir con los animales. No sabía sobrevivir con los humanos. Cuando salió del convento, Marcos podía hablar pero no entendía todas las palabras. No sabía leer ni escribir. Marcos no entendía el mundo de los humanos.

No sabía que tenía que pagar para comer.

—¿Tenemos que dar dinero a cambio de comida? ¿Por qué? —preguntaba.

—¡Porque tienes que pagar! —le decían.

«Vivir con los animales era fácil. Vivir con los humanos es difícil», decía Marcos. Para sobrevivir con los humanos, Marcos tenía que pensar: «Necesito dinero para comer». Tenía que pensar en el futuro.

Marcos vivió en diferentes ciudades y encontró diferentes trabajos. Las personas se daban cuenta de que Marcos era muy inocente. En algunos trabajos no le pagaban bien. En otros trabajos no le pagaban nada. Muchas veces le robaron. Muchas veces le trataron mal. Marcos pensaba: «Los lobos no mienten. Los hombres sí mienten».

Marcos entendía la vida social de los lobos. No entendía la vida social de los humanos. A las personas les gustaba hablar de fútbol y de política. Marcos no entendía de fútbol ni de política. Él hablaba de su vida en el valle. Hablaba de sus amigos y de su familia: los animales.

Marcos contaba cómo su amiga la serpiente le salvó la vida algunas veces. Y cómo él le salvó la vida a un lobo. Contaba cómo entró a la cueva de los lobos y ellos le adoptaron. Y contaba cómo hablaba con el águila y con otros animales.

Contaba que los animales ríen y que los animales lloran.

Los humanos no creían las historias de Marcos.

—Ja, ja, ja. Una serpiente no puede salvar la vida de nadie —le decían.

—Pero es verdad. La serpiente me ayudó.

—Estás loco, Marcos. Una serpiente no puede ayudar a una persona. Los animales no pueden reír ni llorar.

—Yo viví en el valle con los animales. ¿Por qué no me creen?

Los humanos se reían de Marcos. Pensaban que estaba loco.

En 1975, el académico Gabriel Janer conoció la historia de Marcos. Marcos tenía 29 años. Gabriel sabía que muchas historias de niños salvajes son reales. Gabriel habló con Marcos.

—Me interesa tu historia. Háblame de tu vida.

—¿Quieres que te hable de mi vida en el valle?

—Sí, quiero que me hables de tu vida en el valle. También quiero que me hables de tu vida antes de vivir en el valle. Y quiero que me hables de tu vida después de vivir en el valle.

—¿Por qué quieres que te hable de mi vida?

—Quiero escribir sobre tu vida.

—Nadie me cree, pero si alguien escribe mi historia, tal vez sí me van a creer.

Marcos aceptó. Entonces Gabriel y Marcos hablaron mucho. Hablaron por 5 meses. Gabriel le preguntó muchas cosas a Marcos. Marcos habló mucho de su vida. Gabriel no se reía de Marcos. Marcos habló de sus problemas para adaptarse al mundo de los humanos.

Gabriel escribió la historia de Marcos en su tesis de doctorado. Pero la tesis no ayudó a Marcos. Las personas no creían sus historias. Pensaban que estaba loco.

Glosario del capítulo 8

a to
académico academic
aceptó (he) accepted
adaptarse to adapt
adoptaron: le adoptaron (they) adopted him
águila eagle
al the
alguien someone
algunas, algunos some
amiga friend (female)
amigos friends
animales animals
antes before
años: tenía 29 años he was 29 years old
ayudar to help
ayudó (he) helped
bien well
cambio: a cambio in exchange
ciudades cities
comer to eat
comida food
cómo how
con with
conoció (he) learned, knew
contaba (he) told
convento convent
cosas things
cree: nadie me cree nobody believes me
creen: no me creen (they) don't believe me
creer to believe
creían: no creían (they) didn't

believe
cuando when
cuenta: se daban cuenta (they) realized
cueva cave
daban: se daban cuenta (they) realized
dar to give
de of, from, about
decía (he) said
decían (they) said
del of the
después after
diferentes different
difícil difficult
dinero money
doctorado doctorate
el the
él he
ellos they
en in, on
encontró (he) found
entendía (he) understood
entonces then
entró (he) entered, got in
era (he, it) was
es (it) is
escribe (he) writes
escribió (he) wrote
escribir to write
estaba (he) was
estás (you) are
fácil easy
familia family
fue (he) was

43

fútbol soccer
gustaba: les gustaba (they) liked
hablaba (he) talked
hablar to talk
háblame talk to me
hablaron (they) talked
habló (he) talked
hable: quieres que te hable (you)
    want me to talk
hables: quiero que me hables (I)
    want you to talk
historia(s) story(ies)
hombres men
humanos humans
inocente innocent
interesa: me interesa I'm interested
Ja: Ja, ja, ja ha, ha, ha
la, las the
le to him
leer to read
les to them
libro book
lloran (they) cry
llorar to cry
lo to him
lobo(s) wolf, wolves
loco crazy, mad
los the
mal: le trataron mal they treated
    him badly
mañana: pensar en el mañana to
    think about tomorrow
me me
meses months
mi my
mienten (they) lie
muchas many
mucho a lot
mundo world

muy very
nada nothing, anything
nadie nobody
necesito (I) need
ni nor
niños: niños salvajes feral children
otros other
pagaban: no le pagaban (they)
    didn't pay him
pagar to pay
palabras words
para to
pensaba (he) thought
pensaban (they) thought
pensar to think
    pensar en el futuro to think
    about the future
pero but
persona(s) people, person(s)
podía (he) could
política politics
por for
    ¿por qué? why?
porque because
preguntaba (he) asked
preguntó (he) asked
problemas problems
puede: no puede (he) can't
pueden: no pueden (they) can't
puedes: ¿puedes? could you?
que that
qué: ¿por qué? why?
quieres: ¿quieres? do you want?
quiero (I) want
reales real
reía: no se reía (he) didn't laughed
reían: se reían de (they) laughed at
reír to laugh
ríen (they) laugh

robaron: le robaron (they) stole
  from him
sabía (he) knew
salió (he) left
salvajes: niños salvajes feral
  children
salvar to save
salvó: le salvó (s/he, it) saved (him,
  her, it)
se (pronoun, reflexive marker,
  himself / herself)
serpiente snake
si if
sí yes
sobre about
sobrevivir to survive
social social
son (they) are
su, sus his
tal: tal vez maybe
también also, too
tenemos (we) have to

tenía (he) had to
  tenía 29 años he was 29-
  years-old
tesis thesis, dissertation
tienes (you) have to
todas all
trabajos jobs
trataron (they) treated
tu you
un, una a
valle valley
van: sí me van a creer (they) are
  going to believe me
veces times
verdad true
vez: tal vez maybe
vida life
viví (I) lived
vivió (he) lived
vivir to live
y and
yo I

9

LA PELÍCULA

En el 2007, el director de cine Gerardo Olivares encontró la historia de Marcos en internet. Pensó que era la historia perfecta para una película. Gerardo habló con Gabriel, el académico.

—Quiero hacer una película de la vida de Marcos. ¿Es verdad que era un niño salvaje?

—Es verdad. La historia de Marcos es real.

—¡Es una excelente historia! Necesito hablar con Marcos. ¿Sabes dónde está?

—No sé dónde está. No sé si está vivo. Yo hablé con Marcos hace 32 años. Después perdí el contacto con él.

Gerardo quería hablar con Marcos, pero había un problema: nadie sabía dónde estaba. Gerardo buscó a Marcos por un año, pero no lo encontró. Finalmente, Gerardo pagó a un detective para buscar a Marcos. Después de una semana el detective llamó a Gerardo por teléfono:

—Encontré a Marcos.

—¿Está vivo?

—Sí. Está vivo. Vive en un pueblo de Orense.

Gerardo estaba feliz. Habló con Marcos por teléfono. Luego fue a Orense para hablar con él. Gerardo vio a Marcos por primera vez y le dijo:

—Hola, ¿tú eres Marcos?

—Sí.

—Marcos, yo soy Gerardo. Estoy feliz de conocerte. Te he buscado por mucho tiempo. Quiero hacer una película de tu vida. ¿Quieres?

—No.

—Pero ¿por qué no?

—No quiero. No quiero hablar de mi vida.

Marcos tenía 62 años cuando Gerardo lo encontró. Vivía y trabajaba en la casa de un buen amigo, Manuel Barandela. Antes de vivir con Manuel la vida de Marcos era muy triste. Por muchos años tuvo problemas para adaptarse al mundo de los humanos. A veces no tenía comida. A veces no tenía una casa donde dormir.

Manuel estaba ayudando a Marcos cuando Gerardo lo encontró. La vida de Marcos era mejor. Marcos no quería contar su historia porque las personas se reían de él. Pero Gerardo quería contar la historia de Marcos. Gerardo habló por mucho tiempo con Marcos. Gerardo insistió y, finalmente, Marcos aceptó.

Cuando filmaron la película, Marcos ayudó. Él era un asistente muy importante. Filmaron en un valle de Sierra Morena. No había lobos en ese valle.

Cuando filmaron, Gerardo le dio una sorpresa a Marcos. Le dijo:

—Marcos, si aúllas como lobo, los lobos van a aullar también.

—Aquí no hay lobos —le contestó Marcos.

Gerardo insistió y Marcos aulló. Entonces

unos lobos aullaron también. Los lobos fueron donde Marcos. Después de muchos años ¡volvió a jugar con lobos! Todos decían: «¡Es increíble! Marcos no tiene miedo a los lobos».

Los lobos que jugaron con Marcos eran los lobos salvajes que llevaron para filmar la película. Marcos estaba muy feliz. Le gustó mucho la sorpresa.

La película se llamó *Entrelobos*[3]. Estuvo en los cines en el 2010. La primera vez que Marcos vio la película, le dijo a Gerardo:

—Me han devuelto mi dignidad.

---

[3] **Entrelobos** is the combination of two words: *Entre* and *lobos*. It means *among wolves*.

Glosario del capítulo 9

a to
académico academic
aceptó (he) accepted
adaptarse to adapt
al to
amigo friend
antes before
año(s) year(s)
    tenía 62 años (he) was 62-
    years-old
aquí here
asistente assistant
aullar to howl
aullaron (they) howled
aúllas: si aúllas if you howl
aulló (he) howled
ayudando helping
ayudó (he) helped
buen good
buscado: te he buscado (I) have
    looked for you
buscar to look
buscó (he) looked
casa house
cine: director de cine film director
cines movie theaters
comida food
como like
con with
conocerte to know you
contacto contact
contar to tell
contestó (he) replied
cuando when
de to, of, from, at, about

decían (they) said
después after
detective detective
devuelto restored
dignidad: me han devuelto mi
    dignidad they have restored my
    dignity
dijo (he) said
director: director de cine film
    director
donde where
    fueron donde they went to
dónde where
dormir to sleep
el the
él he
en in, on
encontré (I) found
encontró (he) found
entonces then
era (he/it) was
eran (they) were
eres (you) are
es is
ese that
está (he) is
estuvo (he) was
estaba (it) was
estoy (I) am
excelente excelente
feliz happy
filmar to film
filmaron (they) filmed
finalmente finally
fue (he) went

50

fueron (they) went to
gustó: le gustó (he) liked (it)
había there was, there were
    no había there weren't
hablar to talk
hablé (I) talked
habló (he) talked
hace: hace 32 años 32 years ago
hacer to do
han (they) have
hay: no hay there aren't
he: te he buscado I have looked for
    you
historia story
hola hello
humanos humans
importante important
increíble incredible
insistió (he) insisted
internet internet, online
jugar to play
jugaron (they) played
la(s) the
le to him
llamó (he) called
    se llamó it was called
llevaron (they) took
lobo(s) wolf, wolves
lo to him
los the
luego then
me: me han devuelto mi dignidad
    they have restored my dignity
mejor better
mi my
miedo: no tiene miedo (he) is not
    afraid
mucho a lot
muchos many

mundo world
muy very
nadie: nadie sabía nobody knew
necesito (I) need
niño boy
pagó (he) paid
para for
película movie
pensó (he) thought
perdí (I) lost
perfecta perfect
pero but
personas people, persons
por for
    ¿por qué no? why not?
porque because
primera first
problema(s) problem(s)
pueblo town
que that
qué: ¿por qué no? why not?
quería (he) wanted
    no quería (he) didn't want
quieres: ¿quieres? do you want?
quiero (I) want
    no quiero (I) don't want
real real
reían (they) laughed
sabes: ¿sabes? do you know?
sabía: nadie sabía nobody knew
salvaje: niño salvaje feral child
salvajes wild
se (pronoun, reflexive marker,
    himself / herself)
sé: no sé I don't know
semana week
si if
sí yes
sobre about

sorpresa surprise
soy (I) am
su his
también also, too
te: te he buscado I have looked for you
teléfono phone
tenía: tenía 62 años (he) was 62-years-old
    no tenía (he) didn't have
tiempo time
tiene: no tiene miedo (he) is not afraid
todos everyone
trabajaba (he) worked
triste sad
tu your
tú you
tuvo (he) had
un, una a, one

unos some
valle valley
van (they) are going
veces: a veces sometimes
verdad: ¿es verdad? Is it true?
    es verdad it is true
vez time
vida life
vio (he) saw, watched
vive (he) lives
vivía (he) lived
vivir to live
vivo alive
volvió: volvió a jugar con lobos (he) played with wolves once again
y and
yo I

10

DESPUÉS DE LA PELÍCULA

Después de ver la película, muchas personas querían conocer a Marcos. Le invitaron a muchos programas de televisión y de radio, y escribieron sobre él. Ahora, hay mucha información de Marcos en internet. Gabriel escribió otro libro de Marcos: *He jugado con lobos*. Y Gerardo hizo un documental: *Marcos, el lobo solitario*.

Nadie quiere hablar de fútbol o de política con Marcos. Ahora todos quieren hablar de su vida en el valle. Ahora nadie se ríe de Marcos. Siempre le preguntan:

—¿Cómo entraste a la manada de los lobos?

—¿Puedes hablar con los animales?

—¿Puedes aullar como un lobo?

A los niños les gusta mucho la historia de Marcos. A él le gusta demostrar que puede aullar como los lobos. Y le gusta demostrar que puede imitar los sonidos de los pájaros y de otros animales.

Después de ver la película, las personas comenzaron a creer sus historias.

—Marcos, quiero pedirte disculpas —le dijo una persona de su pueblo.

—¿Por qué quieres pedirme disculpas?

—Porque antes pensaba mal de ti.

Ahora invitan a Marcos a diferentes ciudades de España. Le invitan para que hable de su vida. Él habla de la vida en el valle con sus amigos. «Los animales me ayudaron a sobrevivir», dice Marcos.

Todos le conocen en el pueblo donde vive. Personas de todo el mundo buscan a Marcos. Quieren conocer su extraordinaria historia.

Unos piensan que las historias de Marcos son

la imaginación de un niño; un niño que estaba solo y necesitaba sobrevivir. Otros piensan que las historias de Marcos son reales. Son las historias de un niño que vivió con animales; una vida difícil de entender para los humanos.

Después de filmar la película, Marcos habló con Gerardo:

—¿Puedo pedirte un favor? —preguntó Marcos.

—Sí, ¿qué necesitas?

—Quiero volver al valle donde viví con los lobos.

Entonces, buscaron el valle. Fue muy difícil encontrar el valle, pero lo encontraron. Marcos volvió al valle después de 45 años. Todo era diferente. Había personas y casas. Marcos pensó: «Antes no había nadie». Marcos quería encontrar la cueva donde vivió. Buscaron la cueva y la encontraron. El hombre con alma de lobo entró a su cueva y lloró por mucho tiempo.

Marcos siempre recuerda su vida en el valle con los animales. Él dice: «Los años que viví con los lobos fueron los años más felices de mi vida».

FIN

Glosario del capítulo 10

a to
ahora these days
al to
alma soul
alma de lobo soul of a wolf
amigos friends
animales animals
antes before
años years
aullar to howl
ayudaron (they) helped
buscan (they) look for
buscaron (they) look for
casas houses
ciudades cities
comenzaron (they) began
como like
cómo how
con with
conocen (they) know
conocer to know
creer to believe
cuando when
cueva cave
de to, of, from, about
demostrar to show
después after
dice (he) says
diferente(s) different
difícil difficult
dijo (he) said
disculpas: pedir disculpas to apologize
    pedirme disculpas apologize to me

documental documentary
donde where
el the
él he
en in, on
encontrar to find
encontraron: lo encontraron (they) found it
entender to understand
entonces then
entró (he) entered, got in
era (it) was
escribieron (they) wrote
escribió (he) wrote
escrito written
España Spain
está (it) is
estaba (he) was
extraordinaria extraordinary
favor favor
felices happy
filmar to film
filmó (he) filmed
fue (it) was
fueron (they) were
fútbol soccer
gusta: le gusta he likes
    les gusta they like
había there was, there were
habla (he) talks
hablar to talk
hable: para que hable (for him) to talk
habló (he) talked
hay there is

he: *He jugado con lobos* I've played with wolves
historia(s) story(ies)
hombre man
humanos humans
imaginación imagination
imitar to imitate, mimic
información information
internet internet, online
invitan (they) invite
invitaron (they) invited
jugado: *He jugado con lobos* I've played with wolves
la, las the
le to him
les to them
libro book
lloró (he) cried
lobo(s) wolf, wolves
lo: lo encontraron (they) found it
los the
mal: pensaba mal de ti I thought bad things about you
manada pack
más: los años más felices the happiest years
me me
mi my
mucha, mucho a lot
muchas, muchos many
mundo world
muy very
nadie nobody
necesitaba (he) needed
necesitas: ¿qué necesitas? what do you need?
niño boy
o or
otro(s) other(s)

pájaros birds
para to, for
pedir: pedir disculpas to apologize
pedirme: pedirme disculpas apologize to me
pedirte ask you
    quiero pedirte disculpas I want to apologize (to you)
película movie
pensaba (he) thought
pensó (he) thought
pero but
persona(s) person(s), people
piensan (they) think
política politics
por for
    ¿por qué? why?
porque because
preguntan (they) ask
preguntó (he) asked
programas programs
pueblo town
puede he can
puedes: ¿puedes? can you?
puedo: ¿puedo? can I?
que that
qué: ¿qué? what?
    ¿por qué? why?
quería (he) wanted
querían they wanted
quiere (he) wants
quieren they want
quieres you want
quiero I want
radio radio
reales real
recuerda (he) remembers
ríe: se ríe (he) laughs
se (pronoun, reflexive marker,

himself / herself)
se ríe (he) laughs
sí yes
siempre always
sobrevivir to survive
solitario: *Marcos, el lobo solitario*
Marcos, the Solitary Wolf
solo alone
son (they) are
sonidos sounds
su, sus his
te: te quiero pedirte disculpas I
want to apologize (to you)
televisión TV
ti: pensaba mal de ti (I) thought bad

things about you
tiempo time
todo all, everything
todos everyone
un, una a
unos some
valle valley
ver watch
vida live
vive (he) lives
vivió (he) lived
volver to return
volvió (he) returned
y and

About Feral Children

I learned about Marcos' story by reading an article. My first thought was, "Is this really possible?" So my research began, and I was surprised to find that Marcos' story was real and that it was not the only one.

Feral or *wild children* are children who, through either accident or deliberate isolation, have grown up with limited human contact.

There are many myths, legends, and fiction stories of animals adopting human children. One early example is the 3rd century BC Roman myth of *Romulus and Remus,* twins fed by a she-wolf. Our modern day stories are Tarzan and Mowgli from *The Jungle Book.*

These fiction stories could have been inspired by the true cases of wild children. Although these cases are extremely rare, there are several confirmed ones and other speculative ones that date from the 15th century.

In 1644, the first documented story appeared in English of John of Liège, a boy lost by his parents in the woods who survived on his own for years.

There are other documented cases through the centuries and all over the world. Apart from Marcos', two famous documented cases of wild children in the modern world are: Oxana Malaya from Ukraine, found in 1991 living with dogs, and John Ssebunya from Uganda, found in 1991 living with monkeys.

Most feral children are never completely comfortable living among humans and sometimes manage to escape. They almost never learn a language, or even walk completely upright. The reasons why they became feral in the first place are unknown, or have to do with them running away, or being neglected and abused.

Quite a few of the stories, documented or not, about animals raising children, involve wolves, but others involve primates, bears, dogs, sheep and other animals.

Marcos understood language before living with the wolves, so probably upon reintroduction into human society, he was able to relearn Spanish, and we are lucky that he can tell us his experience.

Verónica Moscoso, Author of *Alma de lobo*

THE AUTHOR

Verónica Moscoso is an author, journalist and an award-winning documentary filmmaker.

In 2011, Verónica earned a master's degree from the UC Berkeley Graduate School of Journalism.

Her thesis film, *A Wild Idea,* received nine awards of merit and distinction. She is the published author of *Historias con sabor a sueño* (2001), *Los ojos de Carmen* (2005) (with versions in French and English), *Olivia y los monos* (2018), *Chistes para aprender español* (2018), *El Rey Arthur* (2020), *Halloween vs. Día de los Muertos* (2020), *Soñadores* (2020), *El pequeño ángel de Colombia* (2021), and *Alma de lobo* (2021).

She is also the author of various published articles, photographs, multimedia, video, and radio pieces, in both English and Spanish. Throughout her life, Verónica has also worked as a language teacher.

Born and raised in Ecuador, Verónica left her hometown of Quito to live and travel in the Middle East and in Southeast Asia. She chronicled her trips through journal essays and photography. She now lives in the United States and continues creating content.

Her background as a language teacher together with her storytelling skills make her an extraordinary author for language learning books.

For much more information about Verónica, see her website: **www.veromundo.com** To order her books and related materials, go to: **www.veromundo.store**

THE COVER ARTIST

Sara Vera Lecaro is an Ecuadorian Multidisciplinary Artist based in Barcelona, Spain.

Her Art-Illustration Portfolio is based on drawings and paintings mainly of young women in a surrealistic manner. These illustrations are submerged in translucent layers in several mediums: digital, watercolor painting, and sometimes oils.

Her pastel color portraits are meant to transplant the viewer into that same mind space of wonder and possibility. Every drawing and painting is a reflection of the thoughts and feelings she experiences during the time period of creation.

Her artworks have been used in editorials, books, and fashion covers, and published in several magazines, blogs, and art exhibitions.

For more information see her website: **www.saraveralecaro.com**

THE ILLUSTRATOR

A communication designer by profession, Prakash is committed to artfully crafting design, branding and communication that delivers impact to create the desired experiences.

He strives to create compelling and rich experiences across media. Form factors in all that he does – bringing together his broad knowledge and experience of UX design, UI design, branding, and communication strategies. For more information about Prakash, go to: **www.idesignexperiences.in**

RECOMMENDED BOOKS

OLIVIA Y LOS MONOS
Veronica Moscoso
Level 1
Based on the true story of the troop of wild monkeys that live in Misahuallí and their unique interaction with humans.

HALLOWEEN VS DIA DE LOS MUERTOS
Veronica Moscoso
Level 2

A light-hearted story about friendship and also about the similarities and differences between two strong cultural traditions.

EL REY ARTHUR
Veronica Moscoso
Level 2
Based on the true story of Arthur, the Ecuadorian street dog turned into a celebrity.

EL PEQUEÑO ANGEL DE COLOMBIA
Veronica Moscoso
Level 2
An extraordinary true story about Albeiro, a Colombian boy famous for his magnificent humanitarian work.

SOÑADORES
Veronica Moscoso
Level 3-4

This story gives a face to the DREAMers, the youth living as undocumented immigrants in the US and the challenges they face.

LOS OJOS DE CARMEN
Veronica Moscoso
Level 3-4

Daniel, an American teen, goes to Ecuador to find the perfect picture for a photography contest. There he meets Carmen, a girl with exceptional eyes…

CHISTES PARA APRENDER ESPAÑOL
Veronica Moscoso
Level 2+

This book is a compilation of 30 short easy-to-read jokes. They are appropriate for all ages and each has a fun illustration, glossary, and questions.

For more info, go to **www.veromundo.store**
We offer bulk discounts for school districts, schools, bookstores, and distributors.
Write us at: **info@veromundo.com**

www.veromundo.store

The Best Stories for Language Learners

We use the power of storytelling to promote connection and understanding among the people of the world.

Follow us:

 www.facebook.com/veromundofb

 www.instagram.com/veromundo.store

This book was written by a Latin American author.

Made in United States
North Haven, CT
16 August 2022

22812113R00043